Casa Perla

ラ ペルラ（La Perla）

それは真珠

海に育まれた、東洋の宝石
カーサ　ペルラでは
パールホワイトの柔らかい光に包まれた、
気品に溢れる、
インテリアコーディネートを提案しています。

INDEX

瀬戸内海を見晴らすマンション

瀬戸内海に面したマンション
海をテーマにしたコーディネート

インテリアのデザインを考えるとき、クラシックな要素、モダンな
要素、そのレジデンスの特徴となる要素等の配分を考えます。
店舗などの商業施設では、いま一番新しいデザイン、斬新なものが
目を引きますし、魅力があると思います。
しかし長く住むことが前提のレジデンスでは、当初は素敵なモダン
デザインでも、10年後にも斬新であり続けるのは難しいと思います。
「あの時流行っていた古いデザイン」になってしまうのは、簡単に改
装できないレジデンスでは残念です。
クラシックな要素、モダンな要素、そのレジデンスの特徴となる要
素をどのように配分していくかで、年を経ても時代遅れとならない
インテリアを提案したいと思います。

海を見晴らすマンションは、モダンの要素70パーセント、クラシッ
クの要素10パーセント、リゾートの要素20パーセントでコーディ
ネートしました。

オープンキッチンのリビングは、ガラスのモザイクタイルに間接照
明で光をあて、キラキラと輝く瀬戸内海の優しい波を表現しました。
ドレープカーテンはリネンを用いた素材を使って爽やかさを演出、
シアーカーテンはブルーグレーの光のある素材で海の色を際立たせ
ています。
アクセントカラーにサンゴ色を用いています。

ガラスモザイクの光の揺らき
しいキッチン。随所に海のモ
フを置いています。

フェザーのクッション、ゴールド脚のサイドテーブル、スクエアな形のシャンデリアなど、華やかさのある小物を用いてグラムスタイルのインテリアを作っています。

サンゴのオブジェやシェルのランプでリゾート感を演出しています。

ディナーのテーブルセッティングは、イメージを変えてブラックのテーブルクロスにダイアモンドパイソンのレザーをランナーに用いて、少し怪しげな大人のイメージにしています。

夕暮れの海と空にブルーグレーのシアーカーテンが幻想的なイメージを添えています。

グラムスタイルのブラックとゴールドのテーブルセッティング。

寝室はクラシックなスワッグバランスを用いていますが、重
すぎない生地でシンプルに。あえてバランスは裏地をつけず、
光の透過を楽しみます。ドレープカーテンがシンプルなため
シアーカーテンはラメの刺繍のある素材を用い、タッセルは
フェザーのものを用いて華やかさを演出しています。
上部に梁があるため窓は高さがありませんが、薄く軽くした
ことで圧迫感なくバランスを取り付けることができました。

ベッドルームにも海のモチーフを用いて。
ナイトランプやサイドテーブルはモダンなデザインですが、カーテンとシャンデリアで少しクラシック感を加えています。

ピンクをテーマカラーに、デジタルプリントでオーバーサイズのピオニー柄の壁紙を作成しました。
カーテンはミントグリーン、プリーツバランスのプリーツの内側と、ドレープカーテンの縁にピンクを添えています
圧倒的な大きさのピオニー柄は子どもっぽさがなく、大人のインテリアになっています。

海の見える共有廊下を通って玄関に入ると、そこにも海が。

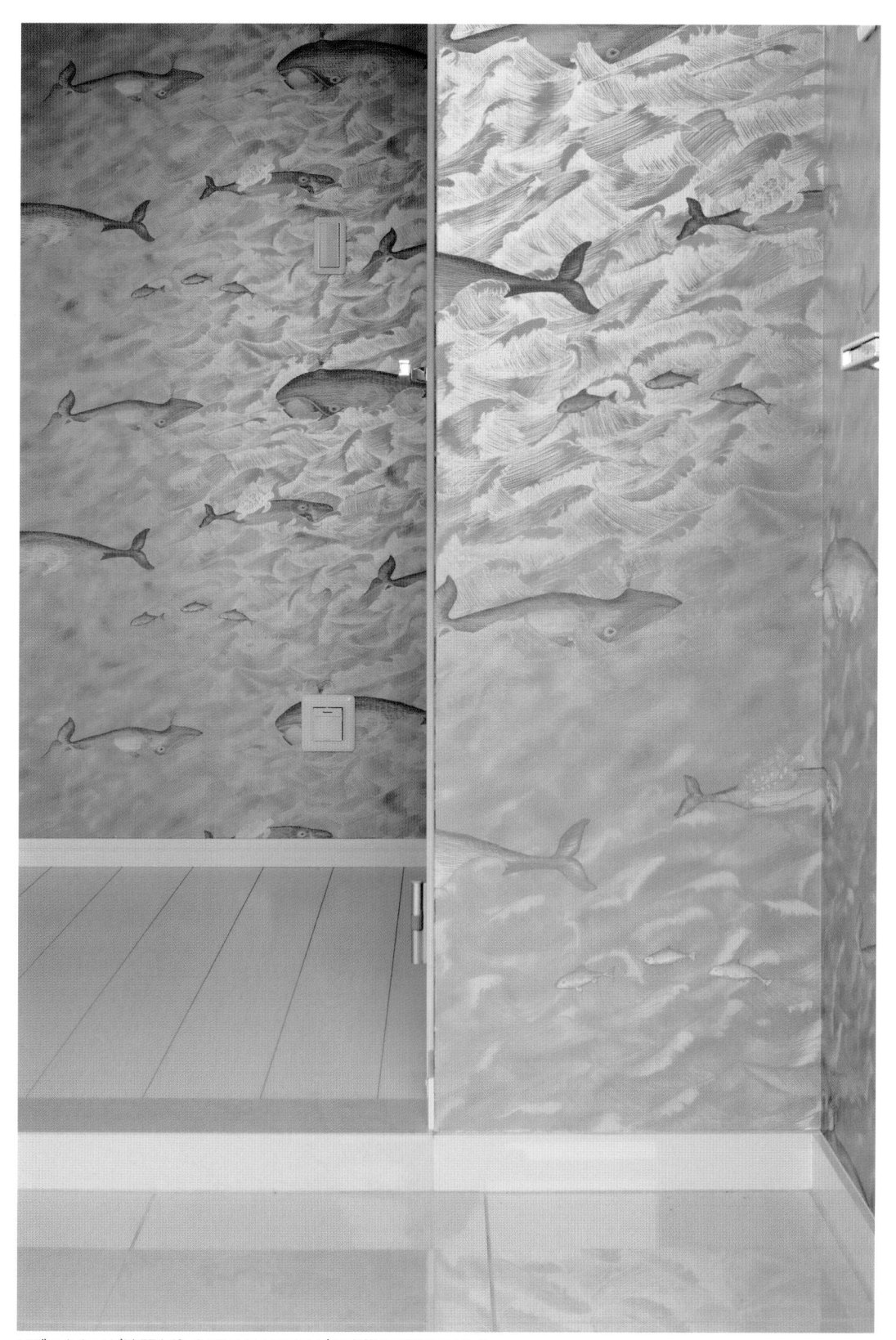

クジラとカメが波間を泳ぐかわいいクロスがお客様をお迎えします。

洗面にもサンゴのオブジェやテーマカラーのサンゴ色のタオルでアクセントをつけて。

かたつむりとシェルのアクセントクロスを用いて、少しかわいさを楽しめる空間に。

【左】カーテンはインテリアの中でとても重要な要素です。窓からの眺望が好ましくなかったため、採光も保ちながら目線を外からそらす目的でシアーと無地のドレープの間にもう1枚個性的なファブリックのカーテンを入れています。このカーテンの存在により、窓の外の風景が気にならなくなりました。【右】ミントカラーにピンクのバイカラーのカーテン、タッセルはクリスタルを用いた透明感のあるものと合わせています。

【左】軽い素材のカーテンで、クラシックなスワッグバランスも軽快に見えます。やはり軽やかなフェザーのタッセルを合わせています。【右】リネンの入ったリゾート感のあるカーテン。たっぷりととったドレープが波のようです。サンゴのモチーフのランプがよく合います。

ライムストーンの
レジデンス

シンプルモダン、ミニマリズムを通り過ぎた
明るく軽快な大人のクラシックレジデンス

ライムストーンで造られたパール色のレジデンスは、クラシックの
要素が70％、モダンの要素が20％、シノワズリーが10％と考え
てデザインしました。

シンプルモダン、ミニマリズムの時代を通り過ぎたクラシックは過
去の重厚で仄暗いクラシックと違い、明るく軽いイメージのホワイ
トが基調です。

カーテンもスワッグバランスを用いていますが、生地も軽いものを
用いてテール以外は一重に仕立て、光が感じられるようにしました。
シアーカーテンも刺繍は用いずシンプルにしています。

また、アールの階段の横にはモダンなイメージのハイサッシを用い
て明るく軽快なエントランスを作りました。室内の調度には中国の
植木鉢や竹の模様のランプを用いてシノワズリーの要素を足してい
ます。

シンボルツリーは枝垂れ桜、牡丹や蓮、もみじなど東洋的な趣のあ
る庭にして、甘くなりがちなホワイトがベースカラーのクラシック
レジデンスを大人のイメージにしています。

エントランス
ハイサッシのあるエントランス。
広い吹き抜けの空間を、宙に浮かぶようなアールの
階段がさらに広がりを感じさせます。

フォーマルリビング

クラシックなデザインのフォーマルリビング。
カーテンはシアーとドレープに加え、シルクに刺繍の
ある布を用いています。
スワッグバランスのテイルの表には刺繍の布と同じグ
リーンを用いました。

甘くなりがちなホワイトのクラシックデザインですが、
色目は甘い色を避けて、シルク等高級感のあるエレ
メントを用いて大人のインテリアにしています。

メインの大きな窓には、刺繍のあるシルクのファブリックを用いて華やかに。ドレープカーテンはヨーロッパの家のカーテンのように優雅に引きずっています。

竹を描いたイギリスのランプ。桜の盆栽のアートフラワーを合わせて、オリエンタルなテイストを加えることにより、少し辛口に引きしまります。

寝室

モネの庭のイメージの壁紙がテーマの寝室。
たっぷりとドレープを取ったスワッグバランスが優雅なカーテン。
壁紙とお揃いの模様のカーテンを重ねて。
カラーは壁紙のブルーグレーに合わせてシルバーグレー、
生地も軽めのものを用いて、クラシックがベースですが
過去の重厚なクラシックとは違った軽く明るいイメージです。

寝室

男性の寝室。
清潔感のあるホワイトをベースカラーにハードなイメージの
チャコールグレーをカーテンなどのファブリックに用いています。
シアーカーテンはホワイトにラメのストライプ、
タッセルはクリスタルのものを用いて華やかさも少し加えています。

モネの庭の壁紙とコーディネートしたファブリックでクッションも製作。イタリア製のベッド、フランス製のランプの色合いと合わせています。

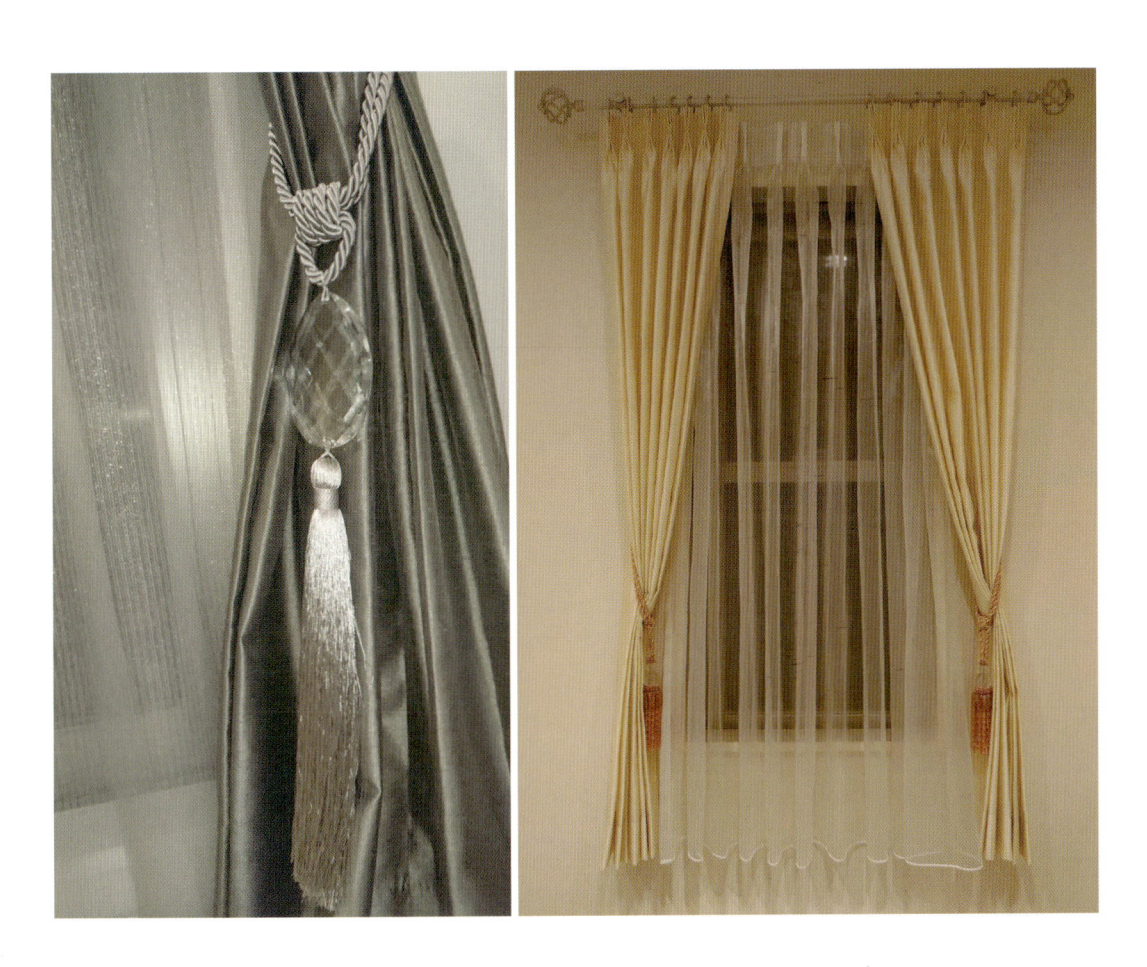

【左】男性の寝室のカーテン。チャコールグレーの艶のあるファブリックにラメのストライプの入ったシアーカーテン。透明感のあるクリスタルのタッセルを合わせて。【右】クラシックな装飾レールを用いたカーテン。

和室

洋風住宅の中の和室では、違和感がなく和室に移行するためあえて
段差のある短い廊下を設けました。
小さい縁を上がって襖を開けると、網代天井、鳥獣戯画を描いた襖、
面皮柱の床の間など伝統的な数寄屋造り。
照明は間接照明を用いて、仄暗さを感じる和の美を演出して。

丸い窓の奥には窓が隠れています。
自然の光が入り、洋風住宅の中にあることを感じさせません。

鳥獣戯画の襖絵。

あえて段差をつけて縁を
上がって和室に入ります。
手前には、木を組んだ引
戸を設けました。

お正月のテーブルセッティング。
清水焼の鳥獣戯画の皿は襖絵とコーディネートして、江戸
切子、流水の和紙のマットに桜の枝をナプキンリングに用
いて初春の喜びを表現しました。

間接照明と竹と網代による数寄屋造の天井。

バスルーム

石目が印刷されたイタリア産タイルを用いたベージュ色の浴室。
一見、天然石かと見まがうほどのプリント加工の大判なタイルで
日ごろのお手入れも天然石に比較して簡単です。

サニタリー

バスルームに続くサニタリーは十分な収納棚と 2 ボウルを確保し
て、機能的な空間にしています。

トイレ

フォーマルリビングのトイレ。
寝室と同じモネの庭の壁紙ですが、色違いになると印象が全く変わります。
ゴールドをベースにブラックスワンの模様は絢爛豪華で、とても華やかなトイレになりました。

トイレ

男性の寝室のトイレ。
寝室のアクセントカラーのチャコールグレーに合わせて。
ブラックのカウンターのある洗面台、壁はブラックのモザイクタイルに、ブラックに
ラメ入りの目地を使用して辛口ながら華やかさのある空間にしました。

56

階段室

1 階から 3 階への階段。
パールのプリントに蝶が乱舞する模様の壁紙が幻想的な空間を
造ります。見上げるとシャンデリアが輝き、殺風景になりがちな
階段室も優雅な空間になります。
高齢な方には危険が伴う階段は滑りにくく、万一転倒しても柔ら
かいカーペット張りにしています。

アプローチからエントランスへ

ライムストーンの石張りの外観。

エントランスに至るアプローチは池の上を渡って。

芝生の庭との境界には LED テープライトを取り付けて足元を明

るくしています。

ファサード 石張りのアプローチで池を渡るとロートアイアンの玄関が迎えます。

ガーデン

洋風住宅のガーデンといえばバラ園と連想しがちですが、シンボルツリーの枝垂れ桜や牡丹、蓮、もみじ等オリエンタルな花々を用いることで甘さを抑えています。

日比谷公園の見えるオフィス

緊張感をやわらげ
景色を生かすオフィスのインテリア

日比谷公園を見下ろすロケーションにある法律事務所の内装。
固いイメージのオフィスですが、あまりに事務的では緊張感が増してしまいます。
エントランスはホワイト系の石を用いて間接照明をいれ、ロートアイアンのコンソールを置き、華やかさを演出しました。
大会議室の窓からは日比谷公園の緑が見えますので、あまり事務所では用いられない暗いトーンのパープルとブラックのカーペットを用いて、窓の景色が引き立つようにしました。
また小会議室は窓がないためニッチを作り、少しキラキラする壁紙をニッチに用いて光を当て殺風景にならないようにしました。

大会議室

大会議室 2

小会議室

ベージュカラーのレストラン

女性のお客様を美しく引き立てる
ベージュカラーのインテリア

カップルでおしゃれなディナーを楽しめる隠れ家風レストラン。
ベージュ系のインテリアコーディネートです。
気を配ったのは、女性のお客様が美しく見えること。
ベージュのインテリアは肌の色をきれいに見せ、主張しすぎないためドレスも映えます。
ディナータイムには、間接照明とシャンデリアが柔らかい光で女性を包み、一段と美しくみえると思います。

店の奥にミラーを用い
空間の広がりを演出

ベージュの家具と柔らかい光の間接照明
がお客様を優しくつつみます

スタイリッシュな
アパートメント

女性も暮らしやすい
単身者向けアパート

１Kのアパートでは、玄関を入るとすぐキッチンがある
間取りが多いですが、キッチンは物があふれやすく、見
た目が雑然としがちです。また玄関すぐにキッチンがあ
るのは衛生的にも気になるので、キッチンは独立タイプ
としました。
洗面と浴室も別でドアのある脱衣所も確保して女性が住
みやすい間取りにしました。
室内床はブラックのリノリウム、建具のカラーはシルバー
でモダンなデザインです。

シルバーの建具に床はブラックのリノリウム

ハイグレードマンションの
ステージング

未入居マンションのホームステージング。
ハイグレードマンションで床は天然大理石、洗面カウンターはアイスガラスに間接照明を用いるなど、細部にわたり吟味された美しいマンションでしたが、リビング窓からの眺望にめぐまれていませんでした。
カーテンはレースとドレープの間にもう一枚デザイン性の高い布のカーテンを取りつけて目線を室内に向け、モダンな家具やインテリア小物で実際の生活のイメージを演出しました。販売時期が早春でしたので、こちらも桜のテーブルセッティングをしています。
ファミリー向けの物件でしたので、お子様連れのお客様も多くお子様が楽しまれるようにバンビのクッションを置きました。

正方形に使いリビングルームで家具の配置が難しいですが、円形のガラステーブルを用いることで、広々と感じるコーディネートができました。外国人のお客様が多いため、和風のテーブルセッティングとしています。

【上】アイスガラスの間接照明の美しい洗面室。美しさをそこなわない程度にインテリアを配置しました。【下】トイレの手洗いカウンター。花と昆虫のオブジェを飾って。

イタリア steelline 社のガラステーブルと
フランス Henri Bursztyn の照明

イタリア steelline 社のクロム加工の
美しいガラステーブルとチェア

あとがき

　日本でインテリアコーディネートという概念が一般的になったのは、バブルの頃が始まりと思います。東京に多くのマンションが建設され、それぞれに趣向を凝らしたモデルルームが造られました。モデルルームの見学に訪れた人は美しくコーディネートされた部屋を見て、購入した自宅のコーディネートを考えられた事でしょう。

　バブルの時代に一世を風靡した、東光建物のペアシティシリーズはいわゆる億ションとして憧れの的でした。ペアシティ田園（1993 年 1 月竣工）（のちにミュゼ白金長者丸と名称変更）はバブルの時代を象徴する物件ですが、重厚で豪華な美しい木材を使ったクラシックな内装でした。

　その後、クラシックにモダンをミックスしたデザインが流行となりました。

　霞町パークマンション（2000 年 3 月竣工）の外観はクラシックですが内装はモダンなテイストも選択が可能となりました。

　やがて時代の変遷とともにシンプルモダン、ミニマリズムの時代となり、タワーマンションが建設されるようになりましたが、品川 V タワー（2003 年 5 月竣工）のカトリーヌ　メミのデザインした住戸は、装飾をそぎ落とした、研ぎ澄まされたクールなデザインが印象的でした。

近年は北欧風の癒し感のあるインテリアコーディネートが流行していますが、一部ではパークコート青山 ザ・タワー（2018年3月竣工）のような、大理石やガラスを用いた華やかなマンションも建設されています。

　海外ではグラムスタイルと呼ばれるベルベット張りのチェア、ゴールドの金属脚の家具、フェザーを用いたクッション、、ガラス、ミラーを用いたインテリアコーディネートが流行していますが、ホワイトやパステルカラー等の軽い色調でかつてのクラシックとは違う華やかさが求められているようです。

　ultimate（アルティミット）、それは究極のもの。

　当社ではどの時代にも褪せることのない美しいインテリアコーディネートを提案しております。

　最後にこの書籍をまとめるにあたり、ご協力いただきました方々に心よりお礼申し上げます。

株式会社アルティミット・コーポレーション

Casa Perla カーサペルラ

社名：株式会社アルティミットコーポレーション
所在地：〒 141-0021　東京都品川区上大崎 3-3-19-4 F
TEL：03-5422-9183
FAX：03-5447-2603
http://ultimate-design.co.jp
設立：2001 年 9 月 4 日
事業内容：
　インテリア事業部
　　インテリアに関するコーディネイト・コンサルティングおよび施工
　　インテリア用品・建築資材等のデザイン・販売および輸出入
　　建物内装・外装のデザイン企画・施工
　不動産事業部
　　不動産の賃貸
　　不動産の仲介
　　不動産に関するコンサルティング

Casa Perla カーサペルラ

2019 年 12 月 25 日　初版第 1 刷
著　者　株式会社アルティミットコーポレーション
制　作　株式会社かもす　三島俊介
編　集　加賀美康彦
発行元　とりい書房
　　　　〒 164-0013　東京都中野区弥生町 2-13-9
　　　　TEL 03-5351-5990
　　　　http://www.toriishobo.co.jp
印　刷　株式会社シナノ